Rolf Krenzer/Stephen Janetzko:
Indianer-Lieder
10 wunderschöne neue Indianer-Lieder für Kinder zum Mitsingen, Tanzen und Bewegen

Das Liederbuch mit allen Texten, Noten und Gitarrengriffen zum Mitsingen und Mitspielen

Gesammelt und herausgegeben von Stephen Janetzko

Copyright © 2015 Verlag Stephen Janetzko, Erlangen
www.kinderliederhits.de
Alle Lieder verlegt bei Edition SEEBÄR-Musik Stephen Janetzko, Erlangen
Online-Shop im Internet unter **www.kinderlieder-shop.de**
Coverillus: *Stephen Janetzko Lizenzgeber*
Covergrafik: Stephen Janetzko mit Marco Breitenstein
Notensatz, grafische Vorbereitung und Idee: Stephen Janetzko
All rights reserved.

ISBN-10: 3957220807

ISBN-13: 978-3-95722-080-6

Inhaltsverzeichnis

Lieder: **Seite:**
Alle kleinen Indianer 4
Wenn ich ein großer Adler wär 5
Mein kleiner Indianer 6
Wenn alle Indianer jetzt reiten 7
Pferdchen, reite weiter 8
Wie tanzen die Indianer 9
Der Büffeltanz 10
Indianeraugen 11
Medizinmann Eulenblick 12
Geht der Tag zu Ende 14

Alle kleinen Indianer

Text: Rolf Krenzer; Musik: Stephen Janetzko; CD "Indianer-Lieder für Kinder"
© Edition SEEBÄR-Musik Stephen Janetzko, www.kinderliederhits.de

2. Drum schwimmen sie und tauchen und spritzen alle nass,
denn alle nass zu spritzen macht doch den größten Spaß,
denn alle nass zu spritzen macht doch den größten Spaß. **Refrain:** Alle kleinen Indianer ...

3. Sie schleichen durch die Büsche und haben sich versteckt
und sind erst dann zufrieden, wenn keiner sie entdeckt,
und sind erst dann zufrieden, wenn keiner sie entdeckt. **Refrain:** Alle kleinen Indianer ...

4. Drum zeigen sie die Muskeln und tanzen wild und schön.
Da kommen alle Großen, um ihnen zuzusehn.
Da kommen alle Großen, um ihnen zuzusehn. **Refrain:** Alle kleinen Indianer ...

5. Doch geht's ums Schleppen, Tragen, da packen sie mit an
und helfen ihren Müttern, weil man nicht anders kann,
und helfen ihren Müttern, weil man nicht anders kann.
Refrain: Alle kleinen Indianer ...

Wenn ich ein großer Adler wär

Text: Rolf Krenzer; Musik: Stephen Janetzko; CD "Indianer-Lieder für Kinder"
© Edition SEEBÄR-Musik Stephen Janetzko, www.kinderliederhits.de

1. Wenn ich ein großer Adler wär, ich flöge über Land und Meer. Denn fliegen, fliegen, fliegen, ja, fliegen, fliegen, fliegen, seht her, das ist nicht schwer, seht her, das ist nicht schwer!

2. Und wäre ich ein großer Bär, ich tappte dick und schwer daher.
Denn tappen, tappen, tappen ...

3. Wenn ich ein wilder Büffel wär, ich stürmte schnell und wild daher.
Denn stürmen, stürmen, stürmen ...

4. Und wenn ich eine Schlange wär, ich schlängelte mich hin und her.
Denn schlängeln, schlängeln, schlängeln ...

5. Wenn ich ein flinker Biber wär, ich tauchte unter dir daher.
Denn tauchen, tauchen, tauchen...

6. Wenn ich ein schneller Mustang wär, ich trabte leicht und schnell daher.
Denn traben, traben, traben ...

7. Wenn ich eine Forelle wär, ich schwömme blitzschnell hin und her.
Denn schwimmen, schwimmen, schwimmen ...

8. Und wenn ich ein Kaninchen wär, ich spränge hin und spränge her.
Denn springen, springen, springen ...

Mein kleiner Indianer

Text: Rolf Krenzer; Musik: Stephen Janetzko; CD "Indianer-Lieder für Kinder"
© Edition SEEBÄR-Musik Stephen Janetzko, www.kinderliederhits.de

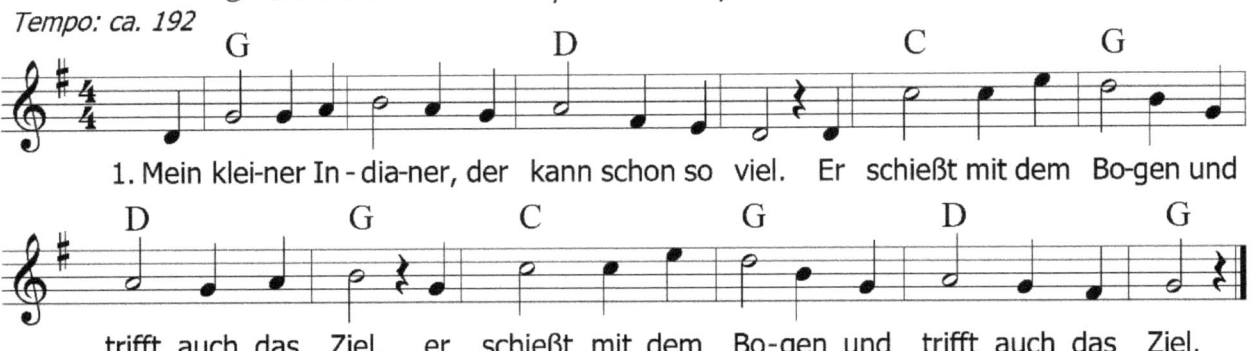

1. Mein kleiner Indianer, der kann schon so viel. Er schießt mit dem Bogen und trifft auch das Ziel, er schießt mit dem Bogen und trifft auch das Ziel.

2. "Mein kleiner Indianer", sagt Mama ganz stolz,
"der holt mir fürs Feuer das richtige Holz,
der holt mir fürs Feuer das richtige Holz!"

3. "Mein kleiner Indianer", sagt Papa und lacht,
"der hat sich das Schwimmen allein beigebracht,
der hat sich das Schwimmen allein beigebracht!"

4. Die Schwestern, die Brüder, die loben ihn sehr:
"Es lernt der Indianer von Tag zu Tag mehr,
es lernt der Indianer von Tag zu Tag mehr!"

5. Verletzt der Indianer sich einmal am Zeh,
dann trösten ihn alle. Schon tut`s nicht mehr weh!
Dann trösten ihn alle. Schon tut`s nicht mehr weh!

6. Der kleine Indianer pfeift fröhlich ein Lied.
Da freun sich die Vögel und pfeifen laut mit,
da freun sich die Vögel und pfeifen laut mit.

Wenn alle Indianer jetzt reiten

Text: Rolf Krenzer; Musik: Stephen Janetzko; CD "Indianer-Lieder für Kinder"
© Edition SEEBÄR-Musik Stephen Janetzko, www.kinderliederhits.de

2. Wenn alle Indianer jetzt schleichen, jetzt schleichen,
dann schleichen die Indianer alle so. Yippi-yippi-yo...

3. Wenn alle Indianer das Lasso jetzt schwingen,
dann schwingen die Indianer alle so. Yippi-yippi-yo...

4. Wenn alle Indianer jetzt stampfen, jetzt stampfen,
dann stampfen die Indianer alle so. Yippi-yippi-yo...

5. Wenn alle Indianer jetzt tanzen, jetzt tanzen,
dann tanzen die Indianer alle so. Yippi-yippi-yo...

6. Wenn alle Indianer jetzt essen, jetzt essen,
dann essen die Indianer alle so. Yippi-yippi-yo...

7. Wenn alle Indianer jetzt niesen, jetzt niesen,
dann niesen die Indianer alle so. Yippi-yippi-yo...

8. Wenn alle Indianer jetzt gähnen, jetzt gähnen,
dann gähnen die Indianer alle so. Yippi-yippi-yo...

9. Wenn alle Indianer dann schlafen, dann schlafen,
dann schlafen die Indianer alle so.
Chrchr-chrchr - oh, chrchr-chrchr – oh, und dann sind die Indianer alle froh.

Pferdchen, reite weiter

Text: Rolf Krenzer; Musik: Stephen Janetzko; CD "Indianer-Lieder für Kinder"
© Edition SEEBÄR-Musik Stephen Janetzko, www.kinderliederhits.de

2. Pferdchen, kannst du springen?
Zeig mir`s, Pferdchen, wie.
Hollahopp, wir springen über die Prärie,
hollahopp, wir springen über die Prärie.
Jippi jippi jaja jie, jippi jippi jie,
jippi jippi jaja jie, über die Prärie.

3. Pferdchen, hast du Hunger?
Hier gibt`s Futter! Sieh!
Futter für mein Pferdchen hier in der Prärie,
Futter für mein Pferdchen hier in der Prärie.
Jippi jippi jaja jie, jippi jippi jie,
jippi jippi jaja jie, hier in der Prärie.

4. Pferdchen, bist du müde,
reiten wir nach Haus.
Ruhen uns bis morgen bei der Mutti aus,
ruhen uns bis morgen bei der Mutti aus,
Jippi jippi jaja jie, reiten wir nach Haus,
ruhen uns bis morgen früh bei der Mutti aus.

Wie tanzen die Indianer?

Text: Rolf Krenzer; Musik: Stephen Janetzko; CD "Indianer-Lieder für Kinder"
© Edition SEEBÄR-Musik Stephen Janetzko, www.kinderliederhits.de

1. Wie tanzen die Indianer den Jagdtanz vor der Jagd? Sie malen das Gesicht sich dann mit vielen bunten Farben an, damit es jeder sehen kann: He hu, die Indianer ziehen auf die Jagd! Hugh! Jagd! Hugh!

2. Wie tanzen die Indianer den Kriegstanz vor dem Kampf?
Sie malen das Gesicht sich dann mit vielen bunten Farben an,
damit es jeder sehen kann:
He hu, die Indianer ziehen in den Kampf! Hugh! ...

3. Wie schwingen die Indianer den Tomahawk beim Tanz?
Sie malen das Gesicht sich dann mit vielen bunten Farben an,
damit es jeder sehen kann:
He hu, die Indianer mit dem Tomahawk! Hugh! ...

4. Wie tanzen die Indianer den großen Friedenstanz?
Sie malen das Gesicht sich dann mit vielen bunten Farben an,
damit es jeder sehen kann:
He hu, die Indianer tanzen Hand in Hand! Hugh! ...

5. Wie tanzen die Indianer den Festtanz zu dem Fest?
Sie malen das Gesicht sich dann mit vielen bunten Farben an,
damit es jeder sehen kann:
He hu, die Indianer tanzen zu dem Fest! Hugh! ...

Der Büffeltanz
(Tanzt mit uns den Büffeltanz)

Text: Rolf Krenzer; Musik: Stephen Janetzko; CD "Indianer-Lieder für Kinder"
© Edition SEEBÄR-Musik Stephen Janetzko, www.kinderliederhits.de

2. Tanzt mit uns den Büffeltanz! Wollen wir uns drehn!
Mit den Füßen scharren wir, das sollen alle sehn!
Heyo ho ...

3. Tanzt mit uns den Büffeltanz! Wollen wir uns drehn!
Dass wir schnell wie Büffel sind, das sollen alle sehn!
Heyo ho ...

4. Tanzt mit uns den Büffeltanz! Wollen wir uns drehn!
Dass wir schwer wie Büffel sind, das sollen alle sehn!
Heyo ho ...

5. Tanzt mit uns den Büffeltanz! Wollen wir uns drehn!
Dass wir echte Büffel sind, das sollen alle sehn!
Heyo ho ...

Indianeraugen

Text: Rolf Krenzer; Musik: Stephen Janetzko; CD "Indianer-Lieder für Kinder"
© Edition SEEBÄR-Musik Stephen Janetzko, www.kinderliederhits.de

Refrain: Hast du Indianeraugen, können die das nur verstehn,
die mit den Indianeraugen mehr als all die andern sehn.

2. Eidechsen und kleine Schnecken, sieben Grashüpfer sogar,
lassen sich von dir entdecken. Auch ein Salamanderpaar. **Refrain:** Hast du Indianeraugen ...

3. Kleine Enten, mit Geschnatter schwimmen sie gleich auf dich zu.
Selbst die scheue Ringelnatter schlängelt sich nicht fort im Nu. **Refrain:** Hast du Indianeraugen ...

4. Auch der Zaunkönig, der kleine, der sich sonst so gut versteckt,
kommt zu dir von ganz alleine, und du hast ihn gleich entdeckt. **Refrain:** Hast du Indianeraugen ...

5. Spinnen und ganz selt´ne Käfer, Vogelkinder hoch im Baum,
Eichhörnchen und Siebenschläfer. Andre Leute sehn das kaum! **Refrain:** Hast du Indianeraugen ...

6. Bienen, Hummeln, Schmetterlinge, hier ein Vogel, dort ein Fisch.
Und du siehst die schönsten Dinge, und sie warten all auf dich. **Refrain:** Hast du Indianeraugen ...

7. Du gehst leise, bleibst oft stehen, dass sich ja kein Tier erschreckt.
Immer gibt es was zu sehen, und du hast schon viel entdeckt.

Schlussrefrain: Hätt ich auch Indianeraugen, würd ich heut schon mit dir gehn.
Lehr mich, mit Indianeraugen unsre schöne Welt zu sehn!

Refrain: Der Medizinmann Eulenblick ...

2. Als mal ein Kind verschwunden war, da hat er nicht gezaudert
und hat das Kind mit aller Kraft sofort herbeigezaubert.
Er zaubert sieben Stunden lang, dann rufen all: "Auwei!"
Der Medizinmann zauberte statt einem drei herbei!
Der Medizinmann Eulenblick ist plötzlich ganz verwirrt
und sagt: "Verzeiht, ihr lieben Leut, ich hab mich nur geirrt!"

Refrain: Der Medizinmann Eulenblick ...

3. `Nen neuen Häuptling wollten wir, wir fanden leider keinen.
Der Medizinmann lacht und sagt: "Ich zaubere euch einen!"
Er zaubert sieben Stunden lang, dann rufen alle: "Hau!"
Der Medizinmann zauberte uns eine Häuptlingsfrau!
Der Medizinmann Eulenblick ist gar nicht mehr verwirrt
und sagt: "Nun gratuliert, ihr Leut! Ich hab mich nicht geirrt!"

Refrain: Der Medizinmann Eulenblick ...

Geht der Tag zu Ende (Abends am Feuer)

Text: Rolf Krenzer; Musik: Stephen Janetzko; CD "Indianer-Lieder für Kinder"
© Edition SEEBÄR-Musik Stephen Janetzko, www.kinderliederhits.de

Tempo: ca. 162

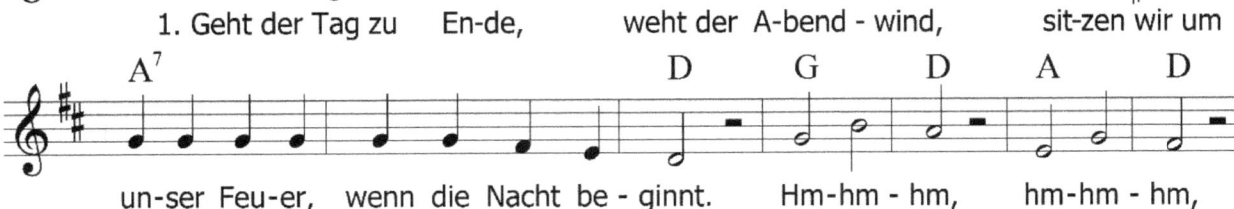

2. Wald und Wiesen schweigen, alles geht zur Ruh,
nur ein Käuzchen ruft von ferne leise noch "Huhu!". Hmhmhm, hmhmhm …

3. Raschelt`s in den Büschen? Schleicht ein Tier sich an?
Nein, kein Wolf traut sich ans Feuer und an uns heran. Hmhmhm, hmhm …

4. Flackern hoch die Flammen, glüht so rot die Glut,
schau ich in das helle Feuer, und das macht mir Mut. Hmhmhm, hmhmhm …

5. Vater weiß Geschichten. Fängt er leise an,
weiß ich, dass ich den Geschichten immer zuhörn kann. Hmhmhm, hmhm …

6. Spüre Mutters Arme. Sie summt leis ein Lied.
Und ich fühl mich so geborgen, und ich summe mit. Hmhmhm, hmhmhm …

7. "Heute", sagen beide, "war ein guter Tag!"
Und ich bin so froh am Feuer, weil ich das so mag. Hmhmhm, hmhmhm …

Ergänzende Literaturhinweise und weitere Tipps:

- Christa Baumann/Stephen Janetzko:
Indianer - Das große Lieder-Geschichten-Spiele-Bastelbuch.
Singen, reiten, kochen, erzählen, tanzen, feiern, trommeln und kreativ sein mit vielen tollen und einfachen Indianer-Aktionen für Kinder-
ISBN 978-3-95722-060-8

*Das „große" Buch beinhaltet außer den Liedern dieses Liederbuchs 4 weitere Indianer-Lieder mit Texten von Rolf Krenzer, Erwin Grosche und Stephen Janetzko.
Natürlich noch viel mehr!*

- Rolf Krenzer: **Das große Buch von den kleinen Indianern**, eBook-Edition, Verlag Stephen Janetzko, Erlangen 2009 (eBook), ISBN 978-3-941923-00-3

- Rolf Krenzer: **Indianer-Geschichten für Kinder**, eBook-Edition, Verlag Stephen Janetzko, Erlangen 2009 (eBook), ISBN 978-3-941923-05-8

Hör- und Musiktipps:

- Stephen Janetzko: **CD "Indianer-Lieder für Kinder". 10 wunderschöne neue Indianerlieder zum Mitsingen, Tanzen und Bewegen & alle Playbacks**, mit Texten von Rolf Krenzer; Edition SEEBÄR-Musik Stephen Janetzko, Erlangen 2014, Best.-Nr. 91033-239, ISBN 978-3-95722-051-6

Diese CD beinhaltet alle Lieder dieses Liederbuchs, außerdem die Instrumentalplaybacks aller Lieder und enthält ebenfalls im Booklet alle Texte, Noten und Gitarrengriffe.

- Stephen Janetzko: **CD "Lieder und Geschichten von den kleinen Indianern"**, 10 Lieder von Stephen Janetzko mit Texten und 5 Geschichten von Rolf Krenzer, Edition SEEBÄR-Musik Stephen Janetzko, Erlangen 2006, ISBN 978-3-932455-81-0

- Stephen Janetzko: **CD "Bi-Ba-Badewannen-Hits"**. 20 Kinderlieder mit Gitarre, Edition SEEBÄR-Musik Stephen Janetzko, Erlangen 2013, Best.-Nr. 91033-277, ISBN 978-3-941923-94-2 - *mit dem Lied „Indianer-Song (Kreistanz-Spiel-Lied)"*

Als Download erhältlich:
- Rolf Krenzer: **Die kleinen Indianer - Indianer-Geschichten für Kinder**, Download-CD, Edition SEEBÄR-Musik Stephen Janetzko, Erlangen 2010

Weitere Informationen ggf. beim Verlag erfragen.

... mehr Info, mehr CDs, mehr Lieder & Noten:
www.kinderliederhits.de

WEITERE ERSCHIENENE BÜCHER IM VERLAG STEPHEN JANETZKO:

- Stephen Janetzko:
Stark wie ein Baum - Frühling, Natur, Ostern, Walpurgisnacht, Muttertag:
Das Liederbuch mit allen Texten, Noten und Gitarrengriffen zum Mitsingen und Mitspielen-
ISBN 978-3-95722-079-0

- Christa Baumann/Stephen Janetzko:
Früchte, Früchte, Früchte - Basteln, Spielen und Experimentieren rund um Natur, Obst, Kräuter und Rohkost.
Mit 30 einfachen Liedern, Rezepten, Geschichten und vielen Kreativideen -
ISBN 978-3-95722-051-3

- Kati Breuer & Stephen Janetzko:
Polonäse - Neue Kinderlieder zum Ankommen, Bewegen, Mitmachen, Ausruhen und Tschüs sagen:
Das Liederbuch mit allen Texten, Noten und Gitarrengriffen zum Mitsingen und Mitspielen-
ISBN 978-3-95722-071-4

- Kati Breuer:
Piepmatzlieder - 25 frische Singhits für fröhliche Kinder zum Schaukeln, Trippeln, Stampfen und Zappeln:
Das Liederbuch mit allen Texten, Noten und Gitarrengriffen zum Mitsingen und Mitspielen -
ISBN 978-3-95722-078-3

- Christina Klenz:
Gute Nacht, flüstert die Elfe: Eine zauberhafte Einschlafgeschichte mit Fantasiereise -
ISBN 978-3-95722-077-6

- Stephen Janetzko:
Es schneit, es schneit, es schneit! – Ein Schnee-und-Winter-Lieder-Buch:
Das Liederbuch mit allen Texten, Noten und Gitarrengriffen zum Mitsingen und Mitspielen (Viele neue Schnee-Lieder für Winter und Fasching) -
ISBN 978-3-95722-076-9

- Christa Baumann/Stephen Janetzko:
Und wieder brennt die Kerze - Das große Mitmach-Buch für Advent und Weihnachten:
Mit 25 einfachen Liedern, Kreativideen, Rezepten, Geschichten und tollen Winter-Aktionen -
ISBN 978-3-95722-068-4

- Stephen Janetzko:
Augen Ohren Nase - Neue Mitmach-, Lern- und Spielkreis-Lieder von Stephen Janetzko:
Das Liederbuch mit allen Texten, Noten und Gitarrengriffen zum Mitsingen und Mitspielen -
ISBN 978-3-95722-070-7

- Stephen Janetzko:
Das Licht einer Kerze - Die 25 schönsten Weihnachtslieder:
Das Liederbuch mit allen Texten, Noten und Gitarrengriffen zum Mitsingen und Mitspielen -
ISBN 978-3-95722-067-7

- Stephen Janetzko:
Der Herbst ist da - Die 25 schönsten Herbstlieder:
Das Liederbuch mit allen Texten, Noten und Gitarrengriffen zum Mitsingen und Mitspielen -
ISBN 978-3-95722-065-3

- Christa Baumann/Stephen Janetzko:
Ein bisschen so wie Martin - Das große Kindergarten-Buch für Herbst und Sankt Martin:
Mit 25 bekannten und neuen Liedern fürs Laternenfest, vielen Geschichten und tollen Herbst-Aktionen -
ISBN 978-3-95722-064-6

- Stephen Janetzko:
Sankt Martin ritt durch Schnee und Wind - Die 25 schönsten Laternenlieder:
Das Liederbuch mit allen Texten, Noten und Gitarrengriffen zum Mitsingen und Mitspielen -
ISBN 978-3-95722-061-5

- Christa Baumann/Stephen Janetzko:
Indianer - Das große Lieder-Geschichten-Spiele-Bastelbuch.
Singen, reiten, kochen, erzählen, tanzen, feiern, trommeln und kreativ sein mit vielen tollen und einfachen Indianer-Aktionen für Kinder-
ISBN 978-3-95722-060-8

Zu allen Büchern sind begleitende CDs separat erhältlich!

... mehr Info, mehr CDs, mehr Lieder & Noten:
www.kinderliederhits.de

Stephen Janetzko

Mit einer 20-minütigen MC „Der Seebär" fing alles an, heute sind es weit über 600 Kinderlieder, die der gebürtige Hagener Liedermacher bereits auf über 50 CDs und in zahllosen Liedsammlungen veröffentlicht hat. Viele davon, wie „Hallo und guten Morgen", „Wir wollen uns begrüßen", „Augen Ohren Nase", „Das Lied von der Raupe Nimmersatt", „Hand in Hand" oder „In meiner Bi-Ba-Badewanne", werden heute gesungen in Kindergärten, Schulen und überall, wo Kinder sind.

www.kinderliederhits.de

Alle Rechte vorbehalten.

Dieses Werk ist urheberrechtlich geschützt. Jegliche Vervielfältigung und Verwertung ist nur mit Zustimmung der Autoren bzw. des Verlags zulässig. Das gilt insbesondere für Übersetzungen, die Einspeicherung und Verarbeitung in elektronischen Systemen sowie für das öffentliche Zugänglichmachen wie zum Beispiel über das Internet.
Ein Nachdruck oder eine Weiterverwertung ist nur mit schriftlicher Genehmigung des Verlags möglich.

© Verlag Stephen Janetzko, **www.kinderliederhits.de**

Raum für eigene Notizen:

www.kinderliederhits.de

Raum für eigene Notizen:

www.kinderliederhits.de

Raum für eigene Notizen:

www.kinderliederhits.de

www.ingramcontent.com/pod-product-compliance
Lightning Source LLC
Chambersburg PA
CBHW081504040426
42446CB00016B/3388